Zootiere

Lehrreiche Kurztexte
mit Anweisungen zum Malen, Schreiben, Lernen

Übung der Konzentration
und des sinnerfassenden Lesens

ab 2. Schuljahr

von
Karin Pfeiffer und Peter Stolz

LENDERSDORFER TRAUMFABRIK

Stolz Verlag
Edition Lendersdorfer Traumfabrik

www.stolzverlag.de

Inhalt

Name: **1**

◆ Der Tiergarten

Was ist ein Zoo?

Ein zoologischer Garten wird kurz Zoo genannt.
Tiere aus aller Welt leben dort in Käfigen und Gehegen.
Ein Gehege ist größer als ein Käfig und hat keine Gitterstäbe.
Die Tiere im Zoo sind Gefangene der Menschen.
Sie sind dazu da, von uns bestaunt zu werden.
Hast du darüber schon einmal nachgedacht?
Deswegen ist es wichtig zu wissen, was die Tiere brauchen, um sich wohlzufühlen.

Lies aufmerksam. Welche Tiere sind auf der Zeichnung abgebildet? Male das Bild aus. Wie heißen die Tiere? Du findest die Wortkärtchen auf der Rückseite des Blattes. Schneide sie aus und klebe sie an die richtigen Stellen!

Stolz Verlag Zootiere Best.-Nr. 044

ZEIT zum Lernen

Name: ....

1

Traurige „Gefangene“

Könige und Fürsten haben sich schon
vor vielen hundert Jahren wilde Tiere gehalten.
Diese wurden in kleinen Käfigen eingesperrt.
Dadurch wurden sie krank. Auch ihre Seele wurde krank.
Denn Tiere sind Lebewesen wie wir.
Manche Tiere schüttelten immer nur den Kopf.
Oder sie warfen sich gegen das Käfiggitter.
Meist starben sie sehr bald.
Heute geht es Tieren in den meisten Tiergärten gut.

1. Lies den Text aufmerksam und beantworte dann die Fragen.
   Schreibe in ganzen Sätzen. Decke beim Schreiben den Text oben ab.

1. Wer hat vor vielen hundert Jahren wilde Tiere gehalten?
2. Wie lebten diese wilden Tiere?
3. Was wurde aus den Tieren, die in Käfigen gehalten wurden?
4. Wie ist das Leben der Tiere in den Tiergärten von heute?

Welches ist dein liebstes Zootier? Weshalb?
Zeichne dein Lieblingstier auf ein Zeichenblatt und schreibe dazu:

Mein Lieblingstier ist ..., weil ...

Und das sind die Tiere auf der Vorseite:
Schneide die Schildchen aus und klebe sie an die richtigen Stellen auf der Vorseite:

Krokodil	Giraffe	Känguru	Flamingo
Schimpanse	Kamel	Eisbär	Panter

Stolz Verlag Zootiere Best.-Nr. 044

Name: **2**

◆ Die Affen

Das ist Schimpanse Ali. Sein Foto soll in die Zeitung kommen. Male es fertig.

Affen benötigen viel Liebe und gute Pflege.
Sonst leiden sie wie Menschen, die man schlecht behandelt.
Die Schimpansen sind kluge Tiere.
Wenn sie sich eine Banane vom Baum angeln wollen,
können sie auf die Idee kommen, einen Stock zu benutzen.
Der Wärter hat Ali gezeigt, wie man Kisten aufeinander stapelt.
Ali kann Türen auf- und zuschließen. Sogar Motorrad fahren kann er. Aber natürlich nicht auf der Straße!
Die Mutter von Ali hat gelernt, von eins bis zehn zu zählen.
Sie kann auch einfache Wörter lesen.

Lies aufmerksam. Nimm einen Leuchtstift.
Lies ein zweites Mal und male dabei die wichtigsten Wörter farbig an.

Die Menschenaffen

Die Menschenaffen sind die nächsten Verwandten des Menschen. Der Gorilla ist der größte Menschenaffe. Ein Gorillamann kann zwei Meter hoch werden und bis zu 250 Kilogramm wiegen. Gorillas leben fast nur von Blättern. Für die Nacht bauen sie am Boden oder auf Bäumen Schlafnester aus Blättern und Zweigen. Schimpanse, Bonobo und Orang-Utan zählen zu den ‚Großen Menschenaffen'.

Lies aufmerksam. Decke dann den Text ab.
Wenn du hier weiterliest, heißt es aufpassen, denn wir wollen dich reinlegen!
Von den sieben Sätzen sind nur vier richtig! Kreuze die richtigen Sätze an.
Korrigiere dann die falschen Sätze. Schreibe sie danach in dein Heft.

- ☐ Die Menschenaffen sind mit den Menschen verwandt.
- ☐ Der Bonobo ist der größte Menschenaffe.
- ☐ Ein Gorillamann kann zwei Meter hoch werfen.
- ☐ Ein Gorillamann kann bis zu 250 Kilogramm wiegen.
- ☐ Gorillas leben fast nur auf Blättern.
- ☐ Gorillas fressen fast nur Blätter.
- ☐ Auch der Bonobo ist ein Menschenaffe.

Orang-Utan
„Der Alte aus dem Urwald"
(Eingeborenensprache)

Die richtigen Sätze:
Die Menschenaffen sind mit den Menschen verwandt.
Ein Gorillamann kann bis zu 250 Kilogramm wiegen.
Gorillas fressen fast nur Blätter.
Auch der Bonobo ist ein Menschenaffe.

Stolz Verlag Zootiere Best.-Nr. 044

Name: ....

◆ Am Affenfelsen

Die Paviane

Die Paviane sehen anders aus als Menschenaffen.
Sie haben einen langen Schwanz.
Der Schwanz hilft ihnen beim Klettern.
Ihre Schnauze ist spitz wie bei einem Hund.
Und das Hinterteil ist leuchtend rot.
Paviane leben in großen Familien auf einem Affenfelsen.
Es macht Spaß, ihnen zuzuschauen.
Sie klettern geschickt, lausen sich gegenseitig,
und machen allerlei Späße.

Lies aufmerksam. Nimm einen Leuchtstift.
Lies ein zweites Mal und streiche dabei die wichtigsten Wörter farbig an.
Zeichne selbst einen Felsen mit Pavianen darauf!

Stolz Verlag Zootiere Best.-Nr. 044

Name: ....

Affenfütterung

Der Wärter kommt mit den Bananen.
Er hat genau elf Bananen.
Teile die Bananen unter den vier Schimpansen:
Ali sitzt links unter dem Baum.
Herta hockt rechts unter dem Baum.
Rechts oben turnt Ricki herum.
Bert guckt von links oben herunter.
Schreibe ihre Namen in die Schildchen.
Gib ihnen die Bananen in die Hand.

Wie wirst du die Bananen aufteilen? Es darf keine übrig bleiben.
Male das Bild bunt aus.

Stolz Verlag Zootiere Best.-Nr. 044

Name: **5**

◆ Die Giraffe

Giraffen können bis zu sechs Meter hoch werden.
Das ist so hoch wie ein Sprungturm im Schwimmbad!
Sie brauchen den langen Hals, um Blätter von den hohen Akazienbäumen zu pflücken. Die Akazien haben Dornen, aber das macht der Giraffe nichts aus.
Wenn die Giraffe trinken will, kniet sie sich hin oder sie spreizt die Vorderbeine.
Giraffen sind Wiederkäuer, wie Kühe. Weil sie bei Gefahr nicht schnell aufstehen können, schlafen sie im Stehen.

Lies aufmerksam. Nimm einen Leuchtstift. Lies ein zweites Mal und streiche dabei die wichtigsten Wörter farbig an. Zeichne der rechten Giraffe das Tarnmuster in das Fell.

Stolz Verlag Zootiere Best.-Nr. 044

Die erste Zoo-Giraffe war Pariserin

Die erste Giraffe hieß Zarafa und kam
vor fast 200 Jahren nach Europa.
Sie war ein Geschenk an den König von Frankreich.
Zwei Jahre war die Giraffe mit ihrem Pfleger Atir unterwegs.
Sie mussten ja 6000 Kilometer zurücklegen!
Damals gab es kein Auto, keinen Zug und schon gar kein Flugzeug.
Die Menschen in Paris waren begeistert von der Giraffe.
So etwas hatten sie noch nie gesehen!
Frauen ließen sich turmhohe
„Giraffenfrisuren“ machen.
Sie passten damit nicht mehr in die
Kutschen hinein.
Wenn sie trotzdem Kutsche fahren
wollten, nahmen sie am Boden Platz,
damit die Frisur nicht beschädigt wurde.
Zarafa lebte fast 18 Jahre in Paris.

Zarafa mit Atir*

Lies den Text aufmerksam und beantworte dann die Fragen.
Sprich (oder schreibe) in ganzen Sätzen. Decke beim Schreiben den Text oben ab.

1. Wo lebte die erste Zoo-Giraffe Europas?
2. Wie hieß diese erste Zoo-Giraffe?
3. Wie hieß ihr Pfleger?
4. Wie lange lebte diese Giraffe in Paris?
5. Wie weit war die Reise, die das Tier zurückgelegt hat?
6. Was passierte, als die Frauen die Giraffe sahen?

*aus: Tiere im Zoo, Tessloff Verlag, Nürnberg 2000

Stolz Verlag Zootiere Best.-Nr. 044

Name: ....

6

◆ Der Elefant

Es gibt zwei Elefantenarten:

– der Afrikanische Elefant

– der Asiatische Elefant

Der Afrikanische Elefant hat große Ohren und eine runzelige Haut.

Der Asiatische Elefant hat kleinere Ohren und eine kräftige Stirn.

Fülle richtig in die Kästchen:

Afrikanischer Elefant, Asiatischer Elefant, Ohren, Rüssel, Stoßzähne

Stolz Verlag Zootiere Best.-Nr. 044

Elefanten sind vom Aussterben bedroht

Elefant mit Wärter*

Nur wenige wilde Elefanten leben heute noch in Afrika und Asien. Sie werden gejagt, weil das Elfenbein ihrer Stoßzähne für viel Geld verkauft werden kann. Elefanten sind sehr stark. Sie wollen etwas zu tun haben. Deshalb werden sie auch im Zoo daran gewöhnt, auf Befehle zu gehorchen. Ein Wärter sitzt auf dem Elefanten und gibt ihm die Befehle. Elefanten sind kluge Tiere. Sie haben ein gutes Gedächtnis.

Lies den Text aufmerksam.
Wenn du hier weiterliest, heißt es aufpassen, denn wir wollen dich reinlegen!
Von den sieben Sätzen sind nur drei richtig! Kreuze die richtigen Sätze an.
Korrigiere dann die falschen Sätze. Schreibe sie danach dein Heft.

- ☐ Nur noch wenige wilde Elefanten leben heute in Amerika.
- ☐ Elefanten werden gejagt, weil die Menschen Elfenbein haben wollen.
- ☐ Die Stoßzehen des Elefanten bestehen aus Elfenbein.
- ☐ Elefanten möchten gern etwas zu tun haben.
- ☐ Ein Elefant gibt dem Wärter die Befehle.
- ☐ Elefanten sind klug und stark.
- ☐ Aber sie haben kein gutes Gedächtnis.

Die richtigen Sätze:
Elefanten werden gejagt, weil die Menschen Elfenbein haben wollen.
Elefanten möchten gern etwas zu tun haben.
Elefanten sind klug und stark.

*aus: Tiere im Zoo, Tessloff Verlag, Nürnberg 2000

Stolz Verlag Zootiere Best.-Nr. 044

Name: ....

7

◆ Das Nashorn

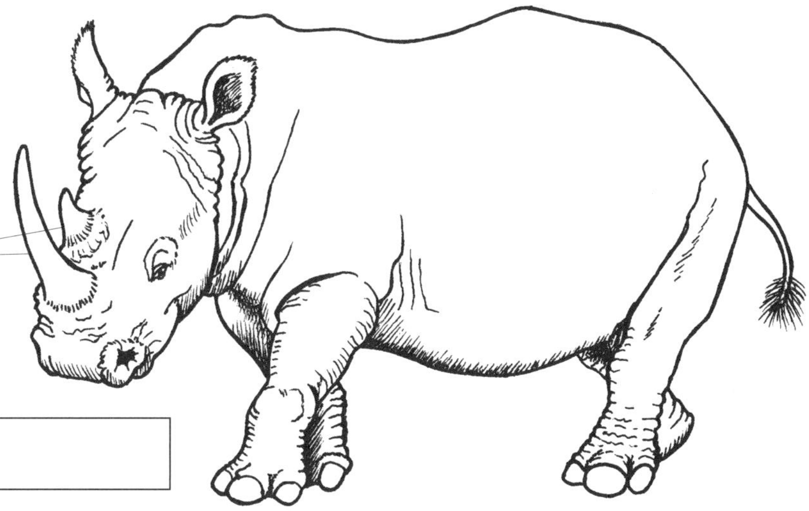

Das Nashorn ist fast so groß und so schwer wie der Elefant.
Es gibt verschiedene Nashörner.
Oben siehst du zwei Nashörner abgebildet:
ein Spitzmaul-Nashorn und ein Breitmaul-Nashorn.
Kannst du die Namen richtig zuordnen?
Die Nashörner werden gejagt wegen ihrer Hörner.
Diese werden zu Pulver gemahlen. Dieses Pulver soll Zauberkraft besitzen. Das glauben leider manche Menschen.
Im Zoo sind die Nashörner gut aufgehoben.

Lies aufmerksam. Nimm einen Leuchtstift. Lies ein zweites Mal und streiche dabei die wichtigsten Wörter farbig an. Trage die Begriffe in die Felder ein:

Spitzmaul-Nashorn, Breitmaul-Nashorn, Hörner

Stolz Verlag Zootiere Best.-Nr. 044

Name: ....

8

◆ Eisbären

Wenn es kalt ist, fühlen sich Eisbären richtig wohl.
Sie haben einen dicken, weißen Pelz, denn sie sind im ewigen Eis zu Hause.
Eisbären ernähren sich von Fischen und Robben.
Wo ein Loch im Eis ist, legen sie sich auf die Lauer und warten, bis eine Robbe zum Atemholen auftaucht.
Dort warten sie oft stundenlang wie eine Katze neben dem Mauseloch.
Eisbären sind sehr groß. Ein Männchen kann 3 Meter hoch werden.

Lies aufmerksam. Nimm einen Leuchtstift. Lies ein zweites Mal und markiere dabei die wichtigsten Wörter. Schreibe diese Wörter in dein Heft.

Zeichne einen Eisbären in dein Heft.

Stolz Verlag Zootiere Best.-Nr. 044

◆ Seelöwen

Seelöwen haben ein glänzendes, dichtes Fell.
Unter der Haut haben sie eine dicke Fettschicht.
Diese schützt sie vor Kälte.
So können sie im kalten Wasser schwimmen.
Die beiden Seelöwen fühlen sich im Zoo wohl.
Es ist Mittagszeit. Sie bekommen Futter.
Wärter Alois wirft ihnen Fische zu.

Gerade hat Wärter Alois zwei kleine und einen großen Fisch geworfen.
Zeichne die Fische. Die Seelöwen schnappen danach.
Ganz hinten schauen Leute bei der Fütterung zu.

Stolz Verlag Zootiere Best.-Nr. 044

Name: ....

◆ Der Pinguin

Die Pinguine sind seltsame Vögel.
Sie können nicht einmal flattern. Auch laufen können sie nicht gut.
Dafür können sie gut schwimmen und tauchen.
Pinguine leben in den kalten Gebieten nahe am Südpol.
Eine dicke Fettschicht schützt ihren Körper vor der Kälte.
Die Männchen brüten die Eier aus.
Die Kaiserpinguine sind über einen Meter groß.

Lies aufmerksam. Nimm einen Leuchtstift. Lies ein zweites Mal und streiche dabei die wichtigsten Wörter farbig an. Schreibe diese Wörter in dein Heft.
Zeichne noch einige Pinguine in die Reihe oben. Zeichne den rechten großen Pinguin fertig.

Stolz Verlag Zootiere Best.-Nr. 044

Name: ....

◆ Das Krokodil

Die großen Krokodile sind sehr gefährlich.
Sie lauern im Sumpf.
Dann schnappen sie plötzlich zu.
Wer sich am Ufer aufhält, sollte auf der Hut sein.
Krokodile können bis zu sieben Meter lang werden.
Wie lang sind sieben Meter?

Ein Krokodil klettert an Land. Auf dem Rücken hat das Krokodil zwei Reihen Zacken.
Zeichne die Zacken fertig. Male dann das Bild bunt aus.
Ein kleiner Vogel fliegt noch rasch davon. Zeichne ihn.

Stolz Verlag Zootiere Best.-Nr. 044

Name: ....

Die größten Kriechtiere der Erde

Krokodile sind die größten Kriechtiere der Erde. Sie wachsen, so lange sie leben. Das Nilkrokodil wird bis zu 7 Meter lang. Es ist dann etwa 100 Jahre alt! Ein Krokodil kann Nasenlöcher und Ohren fest verschließen, damit kein Wasser hineinläuft. Das Krokodil bleibt im Wasser knapp unter der Oberfläche liegen, wo es bewegungslos auf Beute lauert. Man sieht es dann kaum. Das ist gefährlich! Das gilt nicht für alle Tiere, wie du auf dem Bild siehst: Manche Krokodile lassen sich von kleinen Vögeln die Zähne putzen.

1. Lies den Text aufmerksam und streiche wichtige Wörter an. Beantworte dann die Fragen. Schreibe in ganzen Sätzen. Decke beim Schreiben den Text oben ab.

1. Welches Tier ist das Krokodil?
2. Wann sind Krokodile ausgewachsen?
3. Wie lang wird ein Nilkrokodil?
4. Wie alt kann ein Nilkrokodil werden?
5. Was passiert mit den Ohren und Nasenlöchern des Krokodils, wenn es knapp unter der Wasseroberfläche schwimmt?
6. Warum frisst das Krokodil den kleinen Vogel nicht?

3. Welche Wörter hast angestrichen? Schreibe sie hier auf. Sprich je einen ganzen Satz mit jedem Wort!

Stolz Verlag Zootiere Best.-Nr. 044

◆ Großkatzen

Löwen

Löwen leben in Rudeln. In einem Rudel sind
mehrere Männchen, Weibchen und Jungtiere.
Die Löwen gehen im Rudel auf die Jagd.
Wenn sie satt sind, liegen sie faul herum.
Das Löwenmännchen hat eine gewaltige Mähne am Kopf.
Und weil er so prächtig aussieht und so stark ist,
nennen wir den Löwen den „König der Tiere“
Das Löwenweibchen hat keine Mähne.
Löwen werden schon seit langer Zeit im Zoo gezüchtet.

Lies aufmerksam. Nimm einen Leuchtstift. Lies ein zweites Mal und streiche dabei die wichtigsten Wörter farbig an. Schreibe die Wörter in dein Heft. Male den Löwen in den richtigen Farben aus. Zeichne eine Löwenfamilie auf ein leeres Blatt!

Stolz Verlag Zootiere Best.-Nr. 044

Der Tiger

Der Tiger ist die größte aller Katzen.
Sein Fell ist längsgestreift.
Die Heimat des Tigers ist Asien. Er ist ein Einzelgänger.
Wenn er hungrig ist und keine andere Nahrung findet,
wird er für den Menschen sehr gefährlich.
Es gibt unter den Tigern Menschenfresser.

Der Leopard

Er lebt in Afrika und in Asien.
Abends und nachts geht er auf die Jagd.
Er ist ein geschickter Kletterer.
Mit seiner Beute klettert der Leopard auf Bäume.
Dort oben verzehrt er sie.
Sein Fell hat Flecken, die wie Ringe aussehen.
Der schwarze Leopard heißt Panter.

Der Gepard

Der Gepard ist die schnellste Raubkatze.
Beim Jagen kann der Gepard eine Geschwindigkeit
von 100 Kilometer in der Stunde erreichen.
Er ist schlank, hat lange Beine und ist gefleckt.

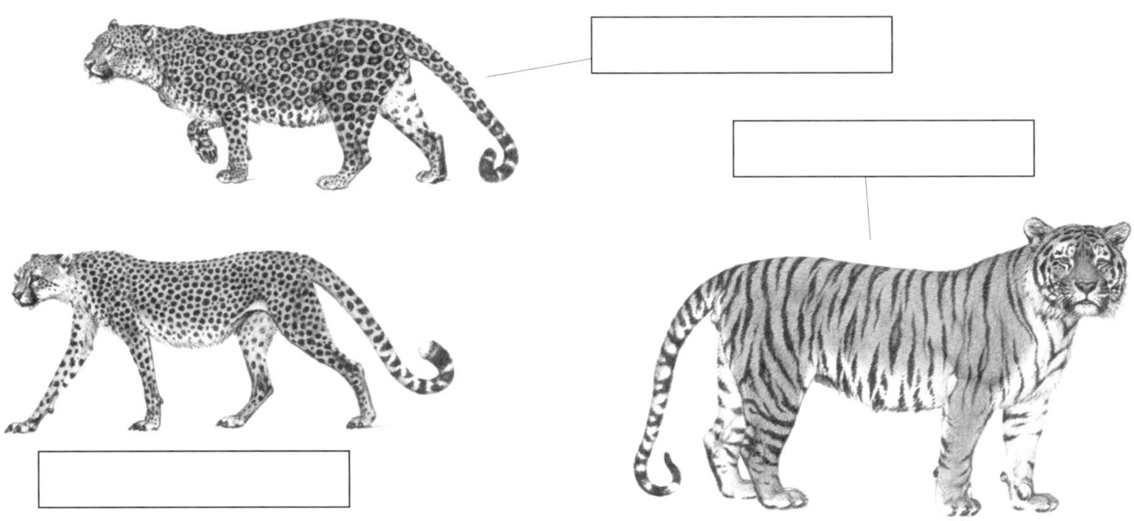

Schreibe die richtigen Namen in die Schildchen.
Zeichne die Raubkatzen einzeln in dein Heft. Schreibe den Text dazu.

Stolz Verlag Zootiere Best.-Nr. 044

Name: ....

◆ Das Flusspferd

Mein Name ist

Hippopotamus

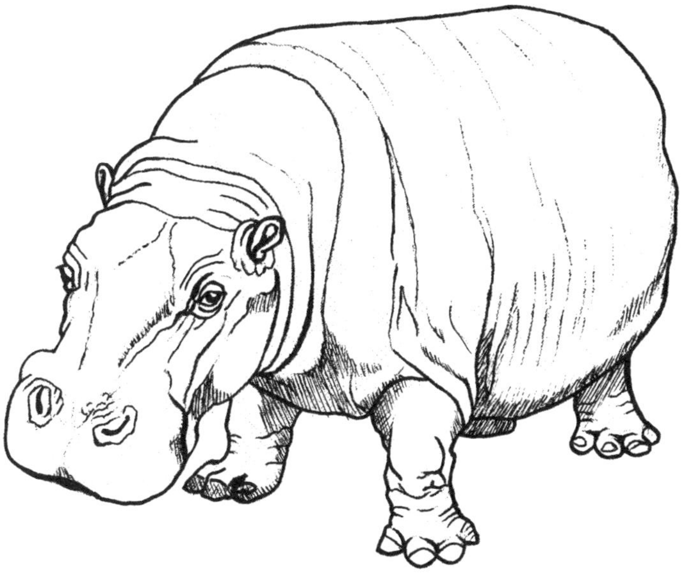

Das Flusspferd wird heute oft noch Nilpferd genannt.
Doch am Nil gibt es keine Flusspferde mehr.
In manchen Zoos kannst du Flusspferde beobachten,
wie sie unter Wasser spielen.
Wenn sie knapp unter dem Wasserspiegel liegen,
schauen nur die Augen, die winzigen Ohren
und die Nasenlöcher heraus.
Übrigens: ein Pferd ist das Flusspferd nicht.
Es ist mit den Schweinen verwandt.
Flusspferde halten sich fast immer im Wasser auf.
Sogar ihre Jungen bringen sie im Wasser zur Welt.

Lies aufmerksam. Nimm einen Leuchtstift. Lies ein zweites Mal und streiche dabei die wichtigsten Wörter farbig an. Schreibe diese Wörter in dein Heft. Mache eine Zeichnung dazu.

Stolz Verlag Zootiere Best.-Nr. 044

◆ Das Känguru

Das Känguru ist ein Beuteltier.
Seine Heimat ist Australien.
Die Weibchen haben an ihrem Bauch einen Beutel.
Darin tragen sie ihr Junges mit sich herum.
Kängurus haben kurze Vorderbeine.
Die Hinterbeine sind kräftig. Sie machen große Sprünge.
Beim Sitzen benutzt das Känguru
seinen Schwanz als zusätzliche Stütze.
Das Rote Riesenkänguru ist größer als ein Mensch,
wenn es sich aufrichtet.

Lies aufmerksam. Lies ein zweites Mal und male dabei die wichtigsten Wörter farbig an.
Schreibe einen eigenen Text in dein Heft und zeichne ein Känguru dazu.

Stolz Verlag Zootiere Best.-Nr. 044

Name: ....

15

◆ Kamele

Dromedar und Trampeltier

Die großen Kamele sind Wüstentiere.
Sie können große Hitze und auch Kälte vertragen.
Auf dem Rücken tragen sie ihre Futtervorräte mit sich.
Das Dromedar hat einen Höcker,
das Trampeltier hat zwei Höcker.
Kamele leben heute nicht mehr in der Wildnis.
Sie werden als Haustiere gebraucht. Sie tragen schwere Lasten.
Im Zoo kannst du Dromedar und Trampeltier bestaunen.

Lies aufmerksam. Nimm einen Leuchtstift. Lies ein zweites Mal und male dabei die wichtigsten Wörter farbig an. Schreibe diese Wörter in dein Heft.
Schreibe die richtigen Namen in die Schildchen. Zeichne die Kamele in dein Heft.

Stolz Verlag Zootiere Best.-Nr. 044

◆ Der Pfau

Schon von weitem kannst du den Pfau schreien hören.
Er ruft: „Iau! Iau! Iau!“
Wer in der Nähe des Zoos lebt, freut sich nicht darüber.
Das Pfauenmännchen hat prächtige bunte Schwanzfedern.
Darin schillern blaugrüne Augenflecken.
Wenn er der Pfauenhenne gefallen will,
schlägt er ein Rad.
Dabei stolziert er vor ihr umher.
Deswegen sagen wir oft: „Eitel wie ein Pfau.“
In Indien gilt der Pfau als heilig.

Lies aufmerksam. Nimm einen Leuchtstift. Lies ein zweites Mal und male dabei die wichtigsten Wörter farbig an. Schreibe sie in dein Heft.
Zeichne den Pfau fertig, male bunt aus: das Gefieder grün, die Augen darin blau, rot und gelb.

Stolz Verlag Zootiere Best.-Nr. 044

Name: ....

◆ Verkehrte Tierwelt

Hier stimmt was nicht!

Der Elefant	hat zwei Höcker auf dem Rücken.
Die Giraffe	wird bis zu fünf Tonnen schwer.
Das Flusspferd	lebt am Südpol.
Das Trampeltier	hat einen langen Hals.
Der Pinguin	wird auch Hippopotamus genannt.

Wie heißt es richtig?
Verbinde die Satzteile mit Strichen. Schreibe die Sätze in dein Heft.
Schneide die Teile aus und setze die Figuren richtig zusammen. Klebe sie in dein Heft!

Stolz Verlag Zootiere Best.-Nr. 044

Name: ....

◆ Detektiv im Zoo

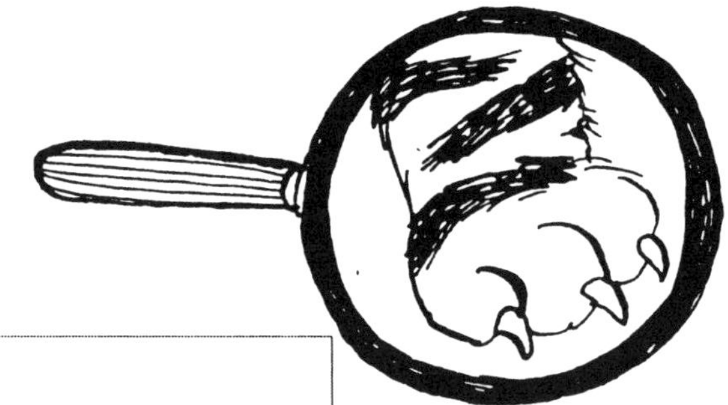

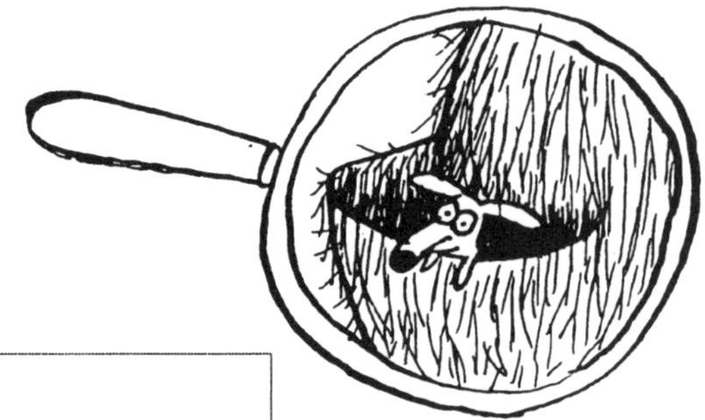

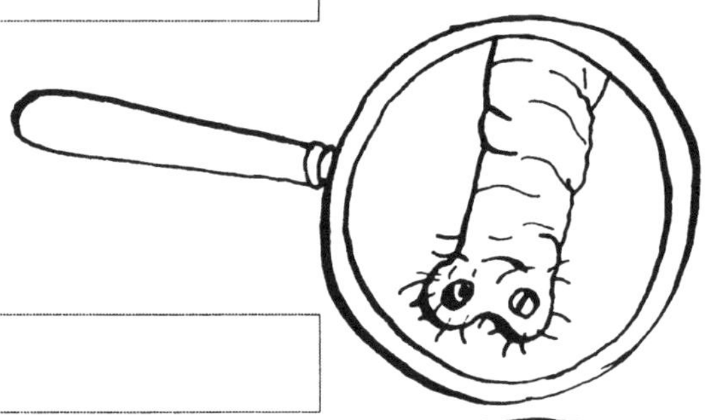

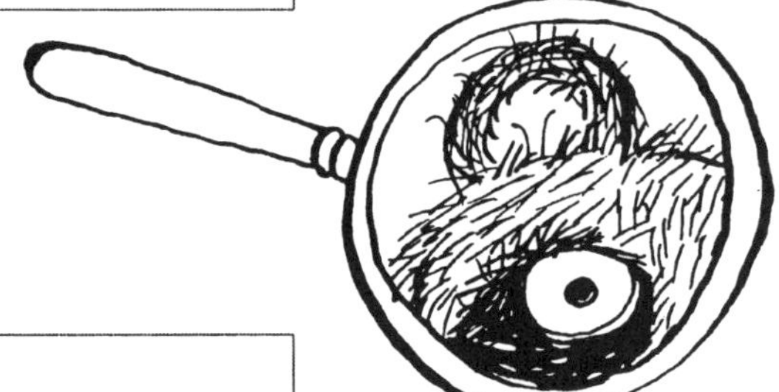

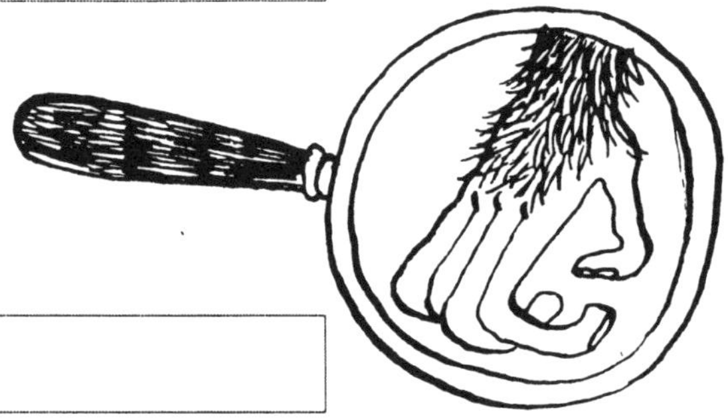

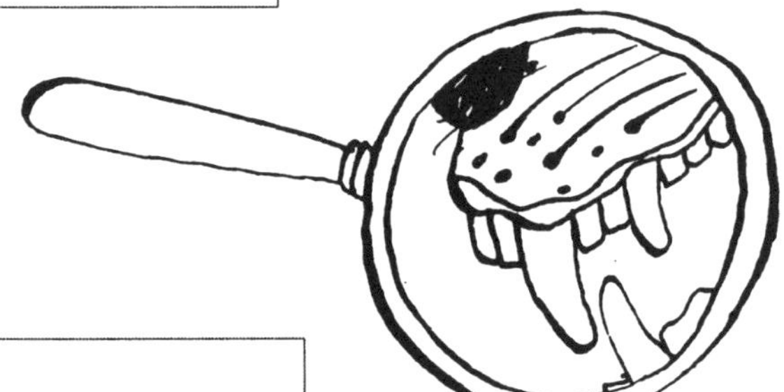

Wer ist das wohl?

Detektiv Jupp Schaugenau betrachtet die Tiere im Zoo.
Er betrachtet sie mit seiner tollen Lupe.
Wie heißen die Tiere, die du oben siehst?
Schreibe die Namen in die richtigen Felder.

Affe	Waschbär	Tiger
Löwe	Elefant	Känguru

Nimm jetzt selbst eine Lupe und schau dir ein anderes Zootier genau an.
Zeichne, was du in der Lupe siehst.
Kann dein Freund oder deine Freundin erraten, welches Tier es ist?

Stolz Verlag Zootiere Best.-Nr. 044

Name: ....

Das habe ich gelernt

Bearbeite diese Aufgaben – aber nicht alle auf einmal. Antworte in ganzen Sätzen.

1. Erkläre den Unterschied zwischen Käfig und Gehege!
2. Was passiert Tieren, die allein in einen Käfig gesperrt werden?
3. Welches ist der größte Menschenaffe?
4. Kennst du noch andere Menschenaffen?
5. Wie sehen Paviane aus? Beschreibe. Kannst du einen zeichnen?
6. Wie heißen die Bäume, deren Blätter die Giraffe gerne frisst. Zur Erinnerung: sie haben Stacheln.
7. Wie schlafen Giraffen. Schreibe mehr dazu.
8. In welcher europäischen Stadt lebte die erste Zoo-Giraffe? Wie hieß sie?
9. Weißt du, welcher Kopf zu welchem Elefanten gehört:

1 

2 

10. Weshalb werden Elefanten gejagt?
11. Weshalb werden Nashörner gejagt?
12. Erkläre, wozu Eisbären einen dicken, weißen Pelz haben.
13. Seelöwen haben eine dicke Fettschicht unter der Haut. Wozu?
14. Was können Pinguine gut? Was können sie gar nicht?
15. Was weißt du noch alles über Pinguine? Zeichne einen.
16. Wie lang und wie alt kann ein Krokodil werden?
17. Löwen gehen im Rudel auf die Jagd. Was ist ein Rudel? Erkläre.
18. Kennst du die Namen der Raubkatzen?

1 

2 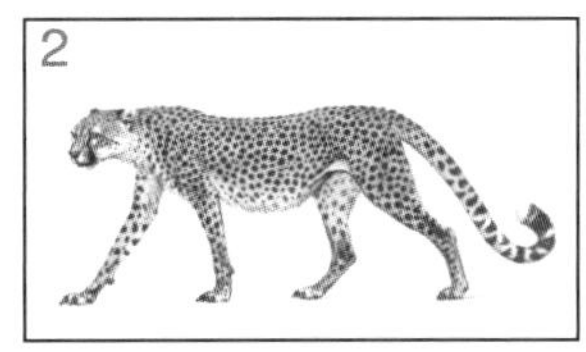

3 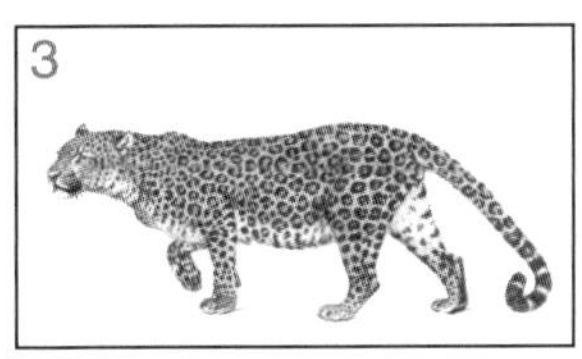

4 

19. Mit welchem Tier ist das Flusspferd verwandt?
20. Beschreibe, wie ein Känguru aussieht. Kannst du eines zeichnen?
21. Welcher Unterschied besteht zwischen einem Dromedar und einem Trampeltier?
22. Welches Tier schlägt ein Rad? Schreibe mehr darüber.
23. Kennst du noch andere Zootiere, die in diesem Heft nicht beschrieben sind? Zähle auf und beschreibe die Tiere!
24. Berichte über einen Besuch im Zoo.

Lösungen zur Vorseite

1. Ein Käfig ist mit Gitterstäben begrenzt und klein. Im Gehege können sich die Tiere gut bewegen.
2. Tiere, die allein in einen Käfig gesperrt werden, leiden. Manche werden krank und sterben verfrüht.
3. Der größte Menschenaffe ist der Gorilla.
4. Andere Menschenaffen sind Schimpanse, Bonobo, Orang-Utan.
5. Paviane sehen anders aus als Menschenaffen. Sie haben einen langen Schwanz und eine hundeartige Schnauze. Das Hinterteil leuchtet rot.
6. Die Giraffe frisst gern die Blätter der Akazie.
7. Giraffen schlafen im Stehen. Wenn sie sich zum Schlafen hinlegten, könnten sie sich bei Gefahr nicht rasch genug erheben.
8. Die erste Zoo-Giraffe lebte in Paris. Sie hieß Zarafa.
9. 1 = Asiatischer Elefant 2 = Afrikanischer Elefant
10. Elefanten werden gejagt, weil man das Elfenbein haben möchte.
11. Nashörner werden gejagt, weil man glaubt, das Horn besitze Zauberkraft.
12. Eisbären haben einen dicken, weißen Pelz, der sie vor der Kälte schützt.
13. Die dicke Fettschicht der Seelöwen schützt sie vor Kälte.
14. Pinguine können gut tauchen und schwimmen. Sie können nicht fliegen.
15. Siehe Seite 16!
16. Ein Krokodil kann sieben Meter lang und 100 Jahre alt werden.
17. Ein Rudel besteht aus mehreren Löwenmännchen, Weibchen und Jungtieren.
18. 1 = Löwe 2 = Gepard 3 = Leopard 4 = Tiger
19. Das Flusspferd ist mit dem Schwein verwandt.
20. Vergleiche Seite 22
21. Das Dromedar hat einen Höcker, das Trampeltier hat zwei Höcker.
22. Wenn das Pfauenmännchen seine bunten Schwanzfedern aufstellt, sagt man, er schlägt ein Rad..

Leichte Übungs-Texte

zum Lesen, Nachschreiben und Diktieren

Unser Vorschlag:
Textfelder ausschneiden,
Laufdiktate durchführen lassen.

Im Zoo

Im Zoo leben Tiere aus aller Welt. Die Wärter sind gut zu den Tieren. Sie geben ihnen Futter und schenken ihnen auch Liebe. So fühlen sich die Tiere wohl.

Menschenaffen

Der Gorilla ist der größte Menschenaffe. Er lebt fast nur auf Bäumen und frisst Blätter. Nachts baut er sich ein Schlafnest. Auch der Orang-Utan ist ein Menschenaffe.

Der Elefant

Der Elefant ist ein kluges Tier. Er hat ein gutes Gedächtnis. Elefanten sind sehr stark. Sie können mit ihrem Rüssel schwere Lasten tragen. Sie wollen auch im Zoo etwas zu tun haben.

Eisbären

Eisbären haben einen dicken, weißen Pelz. Dieser schützt sie vor Kälte. Eisbären leben nämlich im ewigen Eis. Wenn es grimmig kalt ist, fühlen sie sich wohl.

Stolz Verlag Zootiere Best.-Nr. 044

Leichte Übungs-Texte

zum Lesen, Nachschreiben und Diktieren

Pinguine

Der Pinguin ist ein seltsamer Vogel. Er kann nicht flattern, er kann nicht fliegen. Er kann auch nicht gut laufen. Dafür aber kann er gut schwimmen und tauchen.

Das Krokodil

Das Krokodil ist das größte Kriechtier der Erde. Ein Krokodil wächst sein ganzes Leben lang weiter. Es kann bis zu sieben Meter lang und bis zu 100 Jahre alt werden. Krokodile sind sehr gefährlich.

Der „König der Tiere“

Der König der Tiere ist der Löwe. Mit seiner prächtigen Mähne sieht der Löwe mächtig aus. Löwen leben in Rudeln. Wenn der Löwe satt ist, greift er nicht an.

Das Pferd, das ein Schwein ist

Flusspferde halten sich fast immer im Wasser auf. Sie sind sehr dick und sehr schwer. Aber im Wasser spüren sie ihr Gewicht nicht. Flusspferde sind mit den Schweinen verwandt.

Stolz Verlag Zootiere Best.-Nr. 044

„Lendersdorfer Traumfabrik“ im Stolz Verlag

Stolz Verlag, Schneidhausener Weg 52, 52355 Düren, Tel. (02421) 5 79 79

Deutsch

Geschichten zum Weiterdichten
3. bis 5. Schuljahr *Best.-Nr. 040*

Aufsatz-Trainer 3.- 5. Sj. *Best.-Nr. 066*

Am Ende des Regenbogens
Stundenbilder Aufsatz mit Kopiervorlagen für Grundschule *Best.-Nr. 073*

Der Schneemann im Kühlschrank (Bildergeschichten)
3. bis 5. Schuljahr *Best.-Nr. 143*

Mini-Bildergeschichten ab 2. Sj.
Wortschatz erweitern *Best.-Nr. 144*

Lesen, Verstehen, Schreiben
Förderunterricht Deutsch
ab 2. Schuljahr *Best.-Nr. 103*

Knack den Satzkern! ab 3. Sj.
Satzteilbestimmung *Best.-Nr. 099*

Satzbau Blödelmeister
Grammatik-Spiel *Best.-Nr. 162*

Workshop Grammatik 5./7. Sj.
Verben *Best.-Nr. 170*
Substantive *Best.-Nr. 171*
Adjektive *Best.-Nr. 172*
Zeichensetzung *Best.-Nr. 173*
das oder dass *Best.-Nr. 174*

Grammatik Grundwissen
ab Ende 3. Schuljahr, Orientierungsstufe
Band 1: **Wortlehre** *Best.-Nr. 060*
Band 2: **Satzlehre** *Best.-Nr. 061*

Grammatikstunde 5. bis 10. Sj.
Übungen und Lösungen *Best.-Nr. 062*

Lesetraining

ORIGINAL-LESETRAINING von Karin Pfeiffer
1. Schuljahr *Best.-Nr. 031*
2. Schuljahr *Best.-Nr. 032*
3. Schuljahr *Best.-Nr. 033*
4. Schuljahr *Best.-Nr. 034*
5. Schuljahr *Best.-Nr. 035*
6. Schuljahr *Best.-Nr. 036*
7. Schuljahr *Best.-Nr. 037*

Sachtexte lesen & verstehen
ab 5. Schuljahr *Best.-Nr. 106*

Lesetraining für Legastheniker
ab 2. Schuljahr *Best.-Nr. 126*

Da haben wir den Wortsalat
Besonders für Nachhilfe und FÖ ab 1. Sj.
Best.-Nr. 161

Rechtschreiben

„5-Minuten-Diktate“
Beim Üben mit diesen Heften fassen auch rechtschreibschwache Schüler wieder Mut.

2. Schuljahr *Best.-Nr. 017*
3. Schuljahr *Best.-Nr. 018*
4. Schuljahr *Best.-Nr. 019*
5. Schuljahr *Best.-Nr. 020*
6. Schuljahr *Best.-Nr. 021*
7. Schuljahr *Best.-Nr. 052*

Die besten Schmunzeldiktate
Grundschule *Best.-Nr. 011*

Die besten Schmunzeldiktate
ab 5. Schuljahr *Best.-Nr. 014*

Zwillingsdiktate 2. – 6. Sj.
Ein Text zum Üben, einer zum Prüfen!
Best.-Nr. 015

Lektüren & Co.

Freude an Reim und Rhythmus
Gedichte im Unterricht
3. bis 6. Schuljahr *Best.-Nr. 141*

TRAUMFABRIK-LITERATURBLÄTTER
Ergänzendes Übungsmaterial zur Lektüre; jedes Heft 32 Seiten DIN-A4.

Der Buchstabenvogel
1. Schuljahr *Best.-Nr. 184*

Mufti, der kleine freche Dino
ab 1. Schuljahr *Best.-Nr. 209*

Wie die Katze zum K kam
ab 1. Schuljahr *Best.-Nr. 208*

Sofie macht Geschichten
ab 1. Schuljahr *Best.-Nr. 108*

Der Findefuchs
ab 2. Schuljahr *Best.-Nr. 028*

Hanno malt sich einen Drachen
ab 2. Schuljahr *Best.-Nr. 189*

Die Olchis sind da
ab 2. Schuljahr *Best.-Nr. 205*

Igel komm, ich nehm dich mit
ab 2. Schuljahr *Best.-Nr. 185*

Das Schlossgespenst
ab 2./3. Schuljahr *Best.-Nr. 093*

Mein Freund Ringo
ab 3. Schuljahr *Best.-Nr. 186*

Das Vamperl
ab 3. Schuljahr *Best.-Nr. 159*

Ben liebt Anna
ab 3. Schuljahr *Best.-Nr. 196*

Umsonst geht nur die Sonne auf
ab 3. Schuljahr *Best.-Nr. 216*

Sonst bist du dran
ab 3./4. Schuljahr *Best.-Nr. 215*

Starker-Sohn und Schwester
ab 4. Schuljahr *Best.-Nr. 192*

Mit Clara sind wir sechs
ab 5. Schuljahr *Best.-Nr. 187*

Ich bin ein Stern
ab 5. Schuljahr *Best.-Nr. 188*

Rennschwein Rudi Rüssel
ab 5. Schuljahr *Best.-Nr. 222*

Die Sonne bleibt nicht stehen
ab 5. Schuljahr *Best.-Nr. 221*

Insel der blauen Delphine
ab 6. Schuljahr *Best.-Nr. 194*

Alle zugehörigen Lektüren können über den Stolz Verlag bezogen werden. Bei Anschaffung von Klassensätzen sind Nachlässe möglich.

Mathematik

Schmunzelmathe Textaufgaben
Schritt für Schritt; mit Lösungen
1./2. Schuljahr *Best.-Nr. 094*
3./4. Schuljahr *Best.-Nr. 095*

Fit im Rechnen Grundschule
Üben und Wiederholen – mit Selbstkontrolle
Der Zahlenzauberer 1 *Best.-Nr. 211*
Der Zahlenzauberer 2 *Best.-Nr. 212*
Der Zahlenzauberer 3 *Best.-Nr. 213*
Der Zahlenzauberer 4 *Best.-Nr. 214*

Die Einmaleins-Maus im Hunderterhaus ab 2. Schuljahr
Best.-Nr. 710

Grundrechenarten – tägliche Kurzübungen ab 5. Schuljahr
Best.-Nr. 247

Bruchrechnen
Grundlagenübungen, systematisch
Best.-Nr. 154

Geometrische Übungen GS
Übungen mit Selbstkontrolle, ab 3. Sj.
Best.-Nr. 121

Übungen Geometrie ab 5. Sj.
Basiswissen für die Orientierungsstufe
Best.-Nr. 168